W9-BAI-537   05/2013

PALM BEACH COUNTY
LIBRARY SYSTEM
3650 Summit Boulevard
West Palm Beach, FL 33406-4198

Basher

ABC
Kids

Basher

ABC
Kids

KINGFISHER
NEW YORK

Arthur's angry ant ate apples.

Apple

<u>a</u> b c d e f g h i j k l m n o p q r s t u v w x y z

Brianna bounces beautiful bugs.

Bug

a <u>b</u> c d e f g h i j k l m n o p q r s t u v w x y z

Claude's crafty cuckoo
collects coins.

Cuckoo

a b c d e f g h i j k l m n o p q r s t u v w x y z

Dexter's dog dances dreadfully.

Dog

a b c <u>d</u> e f g h i j k l m n o p q r s t u v w x y z

Edna's elegant elephant
enjoys Easter eggs.

Elephant

a b c d <u>e</u> f g h i j k l m n o p q r s t u v w x y z

Franklin frightens fiendish fish.

Fish

a b c d e <u>f</u> g h i j k l m n o p q r s t u v w x y z

Gertrude's greedy goat gobbles grapes.

Goat

a b c d e f <u>g</u> h i j k l m n o p q r s t u v w x y z

Henry's horrible hairy hat has huge holes.

Hat

a b c d e f g <u>h</u> i j k l m n o p q r s t u v w x y z

Iris is irritable in icy igloos.

I i

Igloo

a b c d e f g h <u>i</u> j k l m n o p q r s t u v w x y z

Jasper juggles juicy jellyfish.

Jellyfish

a b c d e f g h i <u>j</u> k l m n o p q r s t u v w x y z

Kitty's kangaroo kicks koalas.

Kangaroo

a b c d e f g h i j <u>k</u> l m n o p q r s t u v w x y z

Leonard's lobster loves
licking lollipops.

Lobster

a b c d e f g h i j k <u>l</u> m n o p q r s t u v w x y z

Maude's mean monkey
makes marvelous milkshakes.

Milkshake

a b c d e f g h i j k l <u>m</u> n o p q r s t u v w x y z

Nancy needs new noodles now!

Noodles

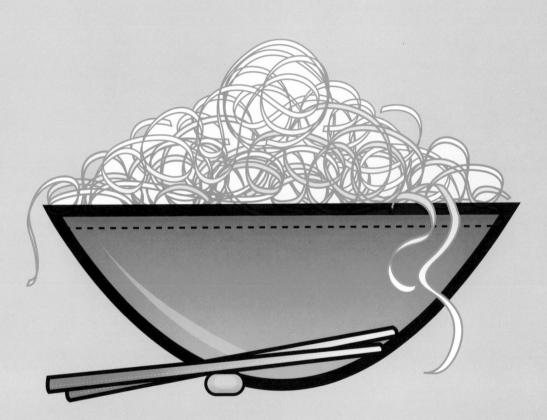

a b c d e f g h i j k l m <u>n</u> o p q r s t u v w x y z

Olga's octopus owns
oodles of opals.

Octopus

a b c d e f g h i j k l m n <u>o</u> p q r s t u v w x y z

Prudence paints pumpkins pink!

Pumpkin

a b c d e f g h i j k l m n o <u>p</u> q r s t u v w x y z

Queenie questions
quivering quails.

Quail

Randolph rides red roosters.

Rooster

a b c d e f g h i j k l m n o p q <u>r</u> s t u v w x y z

Sidney scares slimy slugs.

Slug

a b c d e f g h i j k l m n o p q r <u>s</u> t u v w x y z

Tim's tortoise tickles tadpoles.

Tortoise

a b c d e f g h i j k l m n o p q r s t u v w x y z

Ursula's uncle
unicycles underwater.

Unicycle

a b c d e f g h i j k l m n o p q r s t <u>u</u> v w x y z

Vera vacuums various vegetables.

Vegetables

a b c d e f g h i j k l m n o p q r s t u <u>v</u> w x y z

Walter's worms wear white wigs.

Worm

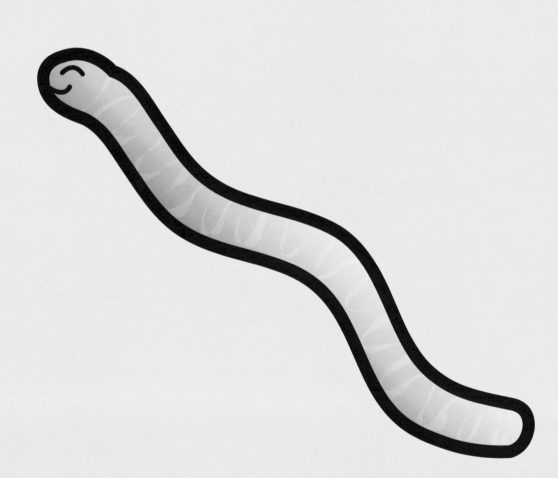

a b c d e f g h i j k l m n o p q r s t u v <u>w</u> x y z

Xavier x-rays xylophones.

Xylophone

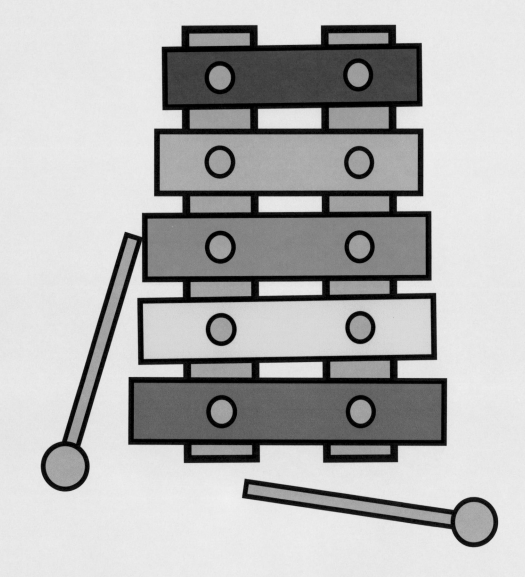

a b c d e f g h i j k l m n o p q r s t u v w <u>x</u> y z

Yoko's yucky yellow yak yells yo!

Yak

a b c d e f g h i j k l m n o p q r s t u v w x <u>y</u> z

Zack zaps zeppelins!

Zeppelin

a b c d e f g h i j k l m n o p q r s t u v w x y <u>z</u>

KINGFISHER
LONDON & NEW YORK

Copyright © Simon Basher 2011
Published in the United States by Kingfisher,
175 Fifth Ave., New York, NY 10010
Kingfisher is an imprint of Macmillan Children's Books, London.
All rights reserved.

Designed and created by Basher www.basherbooks.com

Dedicated to the bundle gang—Kas, Jos, & Ella

Distributed in the U.S. by Macmillan,
175 Fifth Ave., New York, NY 10010
Distributed in Canada by H.B. Fenn and Company Ltd.,
34 Nixon Road, Bolton, Ontario L7E 1W2

Library of Congress Cataloging-in-Publication data has been applied for.

ISBN 978-0-7534-6495-3

Kingfisher books are available for special promotions and premiums.
For details contact: Special Markets Department, Macmillan,
175 Fifth Ave., New York, NY 10010.

For more information, please visit www.kingfisherbooks.com

Printed in China
1 3 5 7 9 8 6 4 2
1TR/1210/WKT/UNTD/140WF